PETITE

BIBLIOTHÈQUE CHOISIE

CRIS DE PARIS.

EN VENTE:

PETITE BIBLIOTHÈQUE CHOISIE

Choix d'ouvrages illustrés

POUR L'ÉDUCATION ET L'AMUSEMENT DES ENFANTS.

1. Contes des fées.	. . . .	1 vol. in-18.
2. Choix de fables.	. . . .	1 vol. in-18.
3. Cris de Paris.	. . . .	1 vol. in-18.
4. Petite histoire de France.	. . .	1 vol. in-18.
5. Livre des petites filles.	. . . .	1 vol. in-18.
6. Livre des petits garçons.	. . . .	1 vol. in-18.
7. Petit Berquin des enfants.	. . .	1 vol. in-18.
8. Robinson Suisse.	. . . .	1 vol. in-18.
9. Jeux et exercices des jeunes garçons.		1 vol. in-18.
10. Petite Géographie vivante.	. . .	1 vol. in-18.
11. Le Jardin des Tuileries.	. . . .	1 vol. in-18.
12. M. Guignol.	. . . .	1 vol. in-18.

Tous ces volumes sont cartonnés avec une charmante couverture or et couleurs.

Prix de chaque ouvrage colorié : 1 fr. 75 c.
—   —   noir : 1 fr. 50 c.

Poissy. — Typographie Arbieu.

CRIS DE PARIS

ÉDITION ILLUSTRÉE

AVEC ALPHABET.

PARIS
A. COURCIER, LIBRAIRE-ÉDITEUR,
Rue Hautefeuille, n. 9.

— 5 —

A	B	C	D	E
F	G	H	I	J
K	L	M	N	O
P	Q	R	S	T
U	V	W	X	Y

Z

a	b	c	d	e
f	g	h	i	j
k	l	m	n	o
p	q	r	s	t
u	v	w	x	y
		z		

— 7 —

A B C D E F G H I
J K L M N O P Q R
S T U V W X Y Z

a b c d e f g h i j k
l m n o p q r s t u v
w x y z

A B C D E F G H I J
K L M N O P Q R S T
U V W X Y Z Æ OE

z k y j x i w v h u g t f
s r e q d p c o n b m a l

LETTRES ITALIQUES

a b c d e f g
h i j k l m n
o p q r s t u
v w x y z æ œ

LETTRES DE RONDE

a b c d e f g h i j k l m
n o p q r s t u v w x y

LA MARCHANDE D'ORANGES.

Marie Bon-Coeur a bien des qualités ; mais elle a une mauvaise tête ; elle est quelquefois grossière. Pauvre petite ! elle eût été parfaite si ses parents eussent pris soin d'elle ; ils ne l'ont seulement pas envoyée à l'école ; à peine si elle sait lire. Marie vend des oranges et gagne assez d'argent, mais elle ne peut en conserver, parce qu'elle est trop sensible pour voir des malheureux sans les secourir. Dernièrement encore la mère Bertrand fut renversée par une voiture : la bonne Marie s'empressa de la relever, et la reconduisit jusque chez elle. La pauvre vieille était dans la plus affreuse misère, manquant de tout ; Marie avait à son cou une croix d'or qu'elle alla vendre de suite pour acheter à la vieille du pain et tout ce qui pouvait lui être nécessaire.

ab	ba	ac	ca	ad	da
eb	be	ec	ce	ed	de
ib	bi	ic	ci	id	di
ob	bo	oc	co	od	do
ub	bu	uc	cu	ud	du

af	fa	ag	ga	ak	ka
ef	fe	eg	ge	ek	ke
if	fi	ig	gi	ik	ki
of	fo	og	go	ok	ko
uf	fu	ug	gu	uk	ku

L'ÉCAILLÈRE.

La petite Fanchon est une charmante fille, fraîche comme une rose ; elle est écaillère. Aussi économe que propre, elle amasse son argent au lieu de le dépenser pour des choses inutiles; c'est elle qui prend soin de sa mère qui est aveugle, incapable de gagner sa vie et réduite à mourir de faim si elle n'avait sa fille, pour qui tout le monde fait des vœux de prospérité.

Voyez-vous là-bas un Mayeux qui veut faire le joli-cœur; il se croit un grand personnage à cause de sa fortune; il cherche querelle au marchand de cannes, parce qu'il n'en trouve pas à sa taille.

al	la	am	ma	an	na
el	le	em	me	en	ne
il	li	im	mi	in	ni
ol	lo	om	mo	on	no
ul	lu	um	mu	un	nu

ap	pa	ar	ra	as	sa
ep	pe	er	re	es	se
ip	pi	ir	ri	is	si
op	po	or	ro	os	so
up	pu	ur	ru	us	su

at	ta	av	va	aw	wa
et	tẹ	ev	ve	ow	wo
it	ti	iv	vi	iw	wi
ot	to	ov	vo	ew	we
ut	tu	uv	vu	uw	wu

ba	bé	bê	be	bi	bo	bu
ca	cé	cê	ce	ci	co	cu
ka	ké	kê	ke	ki	ko	ku
da	dé	dê	de	di	do	du
fa	fé	fê	fe	fi	fo	fu
pha	phé	phê	phe	phi	pho	phu
ga	gé	gê	ge	gi	go	gu
ha	hé	hê	he	hi	ho	hu
ja	jé	jê	je	ji	jo	ju

LA MARCHANDE D'ALLUMETTES.

Voilà la honte du genre humain. Cette femme a toujours été paresseuse, sans cœur; à peine a-t-elle deux sous, c'est pour aller boire de l'eau-de-vie; regardez comme elle est sale, dégoûtante; tout le monde la fuit. Voilà où nous conduit la paresse; au mépris des gens de bien.

Enfants, qui avez des parents honnêtes, profitez de leurs leçons; travaillez bien pour avoir des talents, et par votre bonne conduite, vous obtiendrez l'estime générale. Plaignez le pauvre enfant qui est sur son dos; il est gentil ce pauvre petit. Un jour il rougira de sa mère, qui, par sa conduite ignoble, s'est mise au-dessous des bêtes les plus brutes.

SYLLABES.

cra	cré	crê	cre	cri	cro	cru
dra	dré	drê	dre	dri	dro	dru
fra	fré	frê	fre	fri	fro	fru
phra	phré	phrê	phre	phri	phro	phru
fla	flé	flê	fle	fli	flo	flu
phla	phlé	phlê	phle	phli	phlo	phlu
gra	gré	grê	gre	gri	gro	gru
gla	glé	glê	gle	gli	glo	glu
pla	plé	plê	ple	pli	plo	plu
pra	pré	prê	pre	pri	pro	pru
spa	spé	spê	spe	spi	spo	spu
sta	sté	stê	ste	sti	sto	stu
tla	tlé	tlê	tle	tli	tlo	tlu
tra	tré	trê	tre	tri	tro	tru

LE MARCHAND DE MORT AUX RATS.

Monsieur Drap-d'Or était un riche marchand de draps. Il avait un fils qu'il gâtait beaucoup : cet enfant était paresseux, gourmand, et, au lieu d'aller à sa pension, il allait jouer avec des petits vauriens sur les places publiques. Monsieur Drap-d'Or mourut, et son fils, devenu âgé sans être plus raisonnable, dissipa bientôt la fortune de son père. Aujourd'hui il est vieux, bien misérable ; c'est lui qu'on appelle monsieur Râpé, marchand de mort aux rats. Il a vu de loin son ami Dégommé, ancien fabricant de taffetas ciré, qui vend maintenant des baguettes pour les habits ; ces amis intimes se retrouveront au cabaret.

LA MARCHANDE DE LARD ET SAUCISSES.

Jeannette fut orpheline de bonne heure; à six ans elle n'avait plus ni père ni mère. Une pauvre femme qui gagnait à peine de quoi vivre, prit soin d'elle, et vint à bout, en s'imposant de nouvelles privations, de l'élever et de la mettre à même de gagner sa vie. La pauvre enfant avait quatorze ans lorsque sa mère adoptive, épuisée de peine et de travail, lui fut enlevée en peu de jours par une maladie. Quoique bien jeune encore et livrée à elle-même, Jeannette s'est toujours bien conduite, et n'a pas oublié un seul instant les leçons et les exemples de vertu qu'elle a reçus de sa seconde mère. Aussi Jeannette est généralement aimée, toutes les marchandes du quai aux Fleurs n'achètent qu'à elle; M. Beau-Soleil est une de ses pratiques.

vra	vré	vrê	vre	vri	vro	vru
la	lé	lê	le	li	lo	lu
ma	mé	mê	me	mi	mo	mu
na	né	nê	ne	ni	no	nu
pa	pé	pê	pe	pi	po	pu
qua	qué	quê	que	qui	quo	qu
ra	ré	rê	re	ri	ro	ru
sa	sé	sê	se	si	so	su
ta	té	tê	te	ti	to	tu
va	vé	vê	ve	vi	vo	vu
xa	xé	xê	xe	xi	xo	xu
za	zé	zê	ze	zi	zo	zu
bla	blé	blê	ble	bli	blo	blu
bra	bré	brê	bre	bri	bro	bru
cla	clé	clê	cle	cli	clo	clu

LE MARCHAND DE COCO.

C'est aujourd'hui fête ; on a congé à la pension. Édouard, qui a bien fait ses devoirs, est allé à la promenade avec ses camarades ; il joue d'aussi bon cœur qu'il travaille : ayant beaucoup couru il a bien soif, et se trouve très-heureux d'avoir rencontré le marchand de coco. Pendant le temps qu'il a mis à boire, ses camarades se sont éloignés ; on ne les voit plus. Tout autre se serait désespéré ; pas du tout, Édouard, qui a pris l'habitude des bonnes manières, s'informe avec politesse, aux uns et aux autres, s'ils n'ont pas vu la pension ; enfin, il s'y prend de si bonne grâce, que tout le monde s'empresse de lui indiquer l'endroit où il pourra la retrouver ; en quelques instants il est au milieu de ses jeunes amis qui s'étaient reposés à l'ombre.

Pa-pa	Ba-teau
Da-da	Pi-pe
Tou-tou	Sin-ge
Ma-man	Pi-geon
Na-nan	Flû-te
Gâ-teau	Ver-ge
Bâ-ton	Pain
Pa-ris	Vin
Ga-zon	Gi-got
Jou-jou	Tan-te
Sou-pe	Da-me

Lit	Ta-ble
Li-on	Fouet
Tour	Pom-me
Chat	Jam-be
Chien	Ha-che
Pâ-té	Bras
Loup	Din-de
Rat	Sol-dat
Ar-bre	Fa-got
Lu-ne	Pou-le
Ba-lais	Frai-se

LE MARCHAND DE MELONS.

Le père Blaisot vend de beaux melons ; il dit toujours qu'ils sont bons ; ne le croyez qu'après y avoir goûté. Les melons sont comme bien des gens qui séduisent par l'extérieur, et dont le cœur est mauvais. Ce brave homme que vous voyez dans l'éloignement retourne chez lui avec un melon qu'il a acheté au père Blaisot ; il le flaire tout le long de la route ; son odeur est parfaite et lui fait croire à sa bonté. Le père Blaisot sourit ; j'ai bien peur que le beau melon ne soit qu'une vraie citrouille.

Mai-son	Re-nard
Pa-nier	Bon-net
Mou-ton	Tou-pie
Chai-se	Gar-çon
Flè-che	Mou-che
Pei-gne	Oreil-le
Vi-o-lon	Sou-lier
Bot-te	Ca-nard
En-fant	Cru-che
Pou-pée	Cou-teau
Bou-ton	Ber-ceau

LA MARCHANDE DE PLAISIRS.

Voilà la mère Gimblette qui vend des macarons, des plaisirs.

Émile, qui est déjà raisonnable, achète des plaisirs à la petite Laure, sa sœur, qui a été bien sage; elle n'est pas gourmande, et les garde pour les partager avec ses cousines qui sont bien gentilles; et comme elles ont bien travaillé, leur maman leur a donné des gâteaux; aussi elles préparent la table pour faire la dînette avec mademoiselle Laure.

Le gros Charles, qui est un gourmand, a presque déjà mangé sa part.

LE MARCHAND DE MOTTES.

François, le marchand de mottes à brûler, brave et honnête homme, est le frère d'un capitaine très-distingué qui parviendra sans doute aux plus grands honneurs militaires. Pourquoi donc cette différence de position dans le monde entre les deux frères? la voici : François et Jules étaient extrêmement bons; mais le premier était joueur, tandis que le second était studieux; il lisait toujours, et cherchait tous les moyens de s'instruire. Enfin, parvenus à seize ans, sans ressources, puisque leur père était pauvre, ils s'engagèrent tous les deux et se firent remarquer par leur bravoure dans plusieurs batailles et par leur bonne conduite. C'est alors que Jules, profitant de l'avantage que nous donne l'éducation, obtint un avancement rapide et parvint au grade de capitaine; le pauvre François, blessé et forcé de quitter l'état militaire, où il n'aurait pu avancer, est obligé maintenant, pour subvenir à ses besoins, de courir les rues en criant ses mottes.

É-lé-phant	Men-di-ant
Den-tel-le	Che-nil-le
A-bri-cot	Re-din-go-te
Pen-du-le	Brode-quin
Con-fi-tu-re	Jar-re-tière
Con-son-ne	Colle-ret-te
Bou-teil-le	Cein-tu-re
É-ven-tail	Pa-ra-pluie
Pan-tou-fle	Ca-mi-so-le
Ros-si-gnol	Pâ-tis-sier
En-ton-noir	Mou-tar-dier
Per-ru-que	Go-be-let
Bar-riè-re	E-pin-gle

LE PORTEUR D'EAU.

Mon bon père ANDRÉ commence à se faire vieux, cependant il crie toujours son eau ; bien des hommes en habit doré ne sont pas aussi estimables que ce porteur d'eau, couvert de sa grosse veste.

André, dans un temps de révolution, fut remarqué pour sa probité par un grand personnage, qui, forcé de fuir en pays étranger, lui donna en dépôt cent mille écus, le reste d'une fortune immense, plus une petite caisse contenant des bijoux et des papiers. L'honnête André n'entendit plus parler de lui ; vingt années s'écoulèrent, pendant lesquelles il supporta des moments de misère, manquant souvent de pain à côté de l'argent qui lui avait été confié. Aujourd'hui André est heureux ; par son travail et son économie, il s'est assuré son existence ; sa fille Rosine met le comble à son bonheur par les soins dont elle l'entoure.

Je, moi, tu, toi, il, elle, lui, nous, vous, eux, elles.

Mon, ma, mes, ton, ta, tes, son, sa, ses, notre, votre, leur.

Le mien, la mienne, le tien, la tienne, la nôtre, la vôtre.

Ce, cette, ces, celui, celle ; ceux, celles. Celui-ci, celle-ci, ceux-ci, celles-ci, celui-ci, celle-là, ceux-là, celles-là. Ceci, cela.

Qui, dont. Lequel, laquelle. Quelqu'un, quelqu'une. Quiconque, autrui. Chacun, chacune. Personne, rien, quelconque, certain, certaine, nul, nulle, aucun, aucune.

L'un, l'autre, même, tel, telle, plusieurs. Tout, toute, ci-dessus, aussi, jadis, autrefois, hier, aujourd'hui. Demain, peut-être, bientôt.

DIVISION DU TEMPS.

Cent ans font un siècle.

Il y a douze mois dans un an : janvier, février, mars, avril, mai, juin, juillet, août, septembre, octobre, novembre, décembre.

On divise le mois en quatre semaines.

Il y a sept jours dans la semaine : lundi, mardi, mercredi, jeudi, vendredi, samedi, dimanche.

Un jour est composé de vingt-quatre heures, une heure de soixante minutes et une minute de soixante secondes.

LA BOUQUETIÈRE.

Rosine, fille d'André, maintenant la jolie bouquetière, était si gentille et d'un caractère si doux, étant enfant, que tout le monde l'aimait. Une dame âgée l'ayant prise en amitié, lui montra à lire, et fut si bien récompensée de ses peines, par les progrès de sa petite élève, qu'elle se fit un plaisir de continuer son éducation; malheureusement la bonne dame mourut, ce qui força Rosine à prendre un parti. Elle se mit bouquetière, et fit de si jolis bouquets qu'on ne voulut plus, chez les gens de goût, que des bouquets de Rosine. Enfin, André a retrouvé le fils de ce personnage dont il a gardé si fidèlement le dépôt; ce jeune homme a perdu son père, et serait au dépourvu de toute ressource sans l'extrême probité du bon porteur d'eau, qu'il ne veut pas quitter, et à qui il demande Rosine en mariage.

SAISONS.

Il y a quatre saisons dans l'année : le Printemps, l'Été, l'Automne et l'Hiver.

CHIFFRES.

0 1 2 3 4 5 6 7 8 9.

zéro.　un.　deux.　trois.　quatre.　cinq.　six.　sept.　huit.　neuf.

CHIFFRES ARABES ET ROMAINS.

un	1	I	seize	16	XVI
deux	2	II	dix-sept	17	XVII
trois	3	III	dix-huit	18	XVIII
quatre	4	IV	dix-neuf	19	XIX
cinq	5	V	vingt	20	XX
six	6	VI	trente	30	XXX
sept	7	VII	quarante	40	XL
huit	8	VIII	cinquante	50	L
neuf	9	IX	soixante	60	LX
dix	10	X	soixante-dix	70	LXX
onze	11	XI	quatre-vingts	80	LXXX
douze	12	XII	quatre-vingt-dix	90	XC
treize	13	XIII	cent	100	C
quatorze	14	XIV	cinq cents	500	D
quinze	15	XV	mille	1000	M

LE MARCHAND D'HABITS.

Carabi, marchand d'habits, fera de bonnes affaires; il achète un bon habit cinq francs, et en revend un mauvais trente-cinq francs. C'est avec les mauvais sujets qu'il fait son commerce. Un écolier, qui veut avoir de l'argent à l'insu de ses parents; un ouvrier paresseux qui veut s'amuser sans travailler, un soldat qui déserte, une vieille folle qui veut mettre à la loterie, un ivrogne qui veut boire, un joueur qui a ruiné sa famille, et souvent des voleurs, voilà les pratiques de Carabi; qu'il prenne garde d'éprouver le même sort que son frère Rapace, qui fut battu et volé hier soir par ceux à qui il avait acheté le matin. Pour telle chose que ce soit, ne fréquentez jamais les mauvaises sociétés, il ne peut vous en arriver que du mal.

www.ingramcontent.com/pod-product-compliance
Lightning Source LLC
Chambersburg PA
CBHW060912050426
42453CB00010B/1668